BEI GRIN MACHT SICH IHR WISSEN BEZAHLT

Lajos Vilt

Theoretische Grundlagen zum Support mit Open Source Software und ITIL

GRIN Verlag

Bibliografische Information der Deutschen Nationalbibliothek:

Die Deutsche Bibliothek verzeichnet diese Publikation in der Deutschen National-
bibliografie; detaillierte bibliografische Daten sind im Internet über http://dnb.d-
nb.de/ abrufbar.

Impressum:

Copyright © 2007 GRIN Verlag GmbH
Druck und Bindung: Books on Demand GmbH, Norderstedt Germany
ISBN: 978-3-656-67634-8

Dieses Buch bei GRIN:

http://www.grin.com/de/e-book/275362/theoretische-grundlagen-zum-support-mit-
open-source-software-und-itil

GRIN - Your knowledge has value

Der GRIN Verlag publiziert seit 1998 wissenschaftliche Arbeiten von Studenten, Hochschullehrern und anderen Akademikern als eBook und gedrucktes Buch. Die Verlagswebsite www.grin.com ist die ideale Plattform zur Veröffentlichung von Hausarbeiten, Abschlussarbeiten, wissenschaftlichen Aufsätzen, Dissertationen und Fachbüchern.

Besuchen Sie uns im Internet:

http://www.grin.com/

http://www.facebook.com/grincom

http://www.twitter.com/grin_com

Theoretische Grundlagen zum Support mit Open Source Software und ITIL

von Lajos Vilt

Inhaltsverzeichnis

1. Einleitung

In dieser Arbeit wird allgemein beschrieben, was unter Software und deren Support verstanden wird und welche Bedeutung dem Software Support als Dienstleistung im IT Service Management zukommt.

Anschließend werden diejenigen Inhalte der IT Infrastructure Library (ITIL) als Beispiel eines Standardisierungsansatzes für das IT Service Management aufgeführt, auf deren Basis die Service Support Prozesse identifiziert werden sollen.

Schließlich werden die hinter den Begriffen Trouble Ticket System und Open Source Software liegenden Konzepte kurz vorgestellt.

2. Software Support

Die Prozesse, mit denen ein Kunde sein Geld verdient, müssen durch die lizenzierte Software bestmöglich abgebildet werden. Die Kunden eines Software-Herstellers kaufen daher in der Regel nicht bloß fertige Produkte, sondern erwarten zudem weitere Leistungen, die auf deren optimale Nutzung ausgerichtet sind. Ein derart serviceorientierter Ansatz wird unter dem Begriff IT Service Management (ITSM) erfasst, wobei die IT-Services das Fundament des ITSM darstellen und der Software Support einer dieser Services ist. Den Zusammenhang veranschaulicht die Abbildung 1.

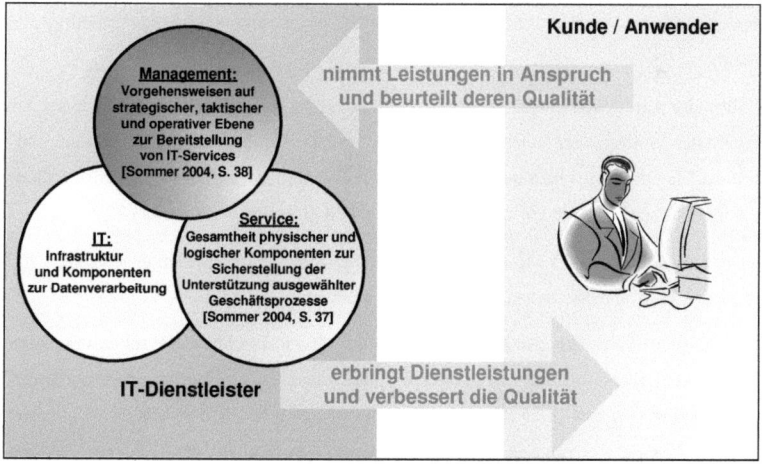

Abbildung 1: Komponenten des ITSM

Hinter dem Begriff IT Service Management verbirgt sich ein ganzes Bündel von Maßnahmen und Aktivitäten, mit denen die Qualität und Quantität von IT-Services optimal und zielgerichtet geplant, überwacht und gesteuert werden kann (vgl. [Ebel 2006, Seite 17]).

Nachfolgend werden die Begriffe Software (Abschnitt 2.1), IT-Service und Software Support (im Abschnitt 2.20) näher betrachtet und in Bezug auf die in dieser Arbeit relevanten Bestandteile des IT Service Management abgegrenzt.

2.1 Software-Begriff

Unter dem Begriff Software fasst man ganz allgemein[1] alle im Gegensatz zur Hardware nicht physischen Funktionsbestandteile eines Computers bzw. eines jeden technischen Gegenstandes, der mindestens einen Mikroprozessor enthält, zusammen.

Es wird dabei differenziert nach Software, die zum Betrieb des Systems erforderlich ist (System-Software und systemnahe Software) und der Anwendungssoftware, mittels derer die Benutzer den eigentlichen Nutzen aus der Arbeit mit dem Computer erlangen, indem sie in der Abbildung ihrer Geschäftsprozesse unterstützt werden.

Anwendungssoftware lässt sich darüber hinaus nach mehreren Kriterien weiter unterteilen. Ein für die Arbeit relevantes Kriterium ist das Lizenzierungsmodell, ein weiteres liegt in der Unterscheidung von Standard- und Individual-Software.

Im Gegensatz zu Standard-Software wird Individual-Software den konkreten Anforderungen eines einzelnen Kunden entsprechend erstellt, also nicht für eine große Menge (potentieller) Kunden entwickelt[2].

Hinsichtlich des Lizenzierungsmodells und den daraus abgeleiteten Überlassungsmodellen können grob zwei Arten von Software unterscheiden werden, proprietäre (kommerzielle) Software und freie Software. Auf Letztere wird im fünften Abschnitt dieser Arbeit detaillierter eingegangen, da die im Rahmen dieser Arbeit gesuchte Software in diesem Umfeld gefunden werden soll.

Proprietäre Software kann auf zwei unterschiedliche Arten kommerzialisiert werden, sie kann verkauft werden oder es kann ein Nutzungsrecht an der Software überlassen werden.

Der vollständige Verkauf inklusive aller weitergehenden Rechte kommt relativ selten vor und ist auf den Bereich spezieller Auftragsprogrammierung oder eines Unternehmensübergangs beschränkt. Üblicher ist sowohl bei Individual-Software als auch erst Recht bei Standard-Software hingegen die Gebrauchsüberlassung.

---

[1] vgl. http://de.wikipedia.org/wiki/Software (Stand 22.07.2007)

[2] vgl. http://de.wikipedia.org/wiki/Individualsoftware (Stand 22.07.2007)

Die Software-Produkte des betrachteten Unternehmens werden zu kommerziellen Zwecken auf dem Markt angeboten, es handelt sich aufgrund eines jeweils pro Kunden umfangreich durchgeführten Customizing[3] um Individual-Software. Neben den Software-Produkten müssen, wie bereits aufgezeigt, weitere Dienste[4] zur Unterstützung[5] angeboten werden. Um diese Dienste geht es im nächsten Unterabschnitt.

2.2 Support Service

Die Begriffe Support und Service müssen aufgrund ihrer in der Literatur je nach Anwendungsgebiet unterschiedlichen Verwendung genauer betrachtet werden (vgl. [Eidner 2004, Seite 3]), damit dargelegt werden kann, wie der aus diesen beiden Begriffen zusammengesetzte Begriff Support Service im Rahmen dieser Arbeit verwendet wird. Abschließend wird auf den im Rahmen der Arbeit relevanten Service, dem Software Support eingegangen.

Service

Ein Service ist wörtlich übersetzt ein Dienst. Nach Sommer handelt es sich bei einem IT-Service um die zur Unterstützung ausgewählter Geschäftsprozesse erforderliche Gesamtheit von physischen und logischen Komponenten [Sommer 2004, Seite 37]. Ein Dienst kann somit von einer Software bereit gestellt werden oder auch eine von Personen erbrachte Leistung sein.

Als IT Service kann folglich jede Dienstleistung aus dem Bereich der Informationstechnologie angesehen werden. Dies umfasst Beratung und Planung sowie die Ausführung von Hardware- und Software-Leistungen ebenso, wie auch unterstützende Tätigkeiten beim Betrieb der IT-Systeme.

IT-Services werden dabei nach dem serviceorientierten Ansatz des ITSM von externen Anbietern, aber auch von unternehmenseigenen Abteilungen, als abgeschlossene Einheit ähnlich einem Produkt angeboten.

Support

Der Begriff Support bezeichnet prinzipiell jede Form der Unterstützung, die Benutzer von Computersystemen und Programmen bei auftretenden Problemen erhalten können, sei es durch einen Mitarbeiter der eigenen Firma, einer Fremdfirma, oder durch die Hersteller von Hard und Software (vgl. [Brockhaus 2003, Seite 857]). Support kann also allgemein[6] als eine problemorientierte Beratungstätigkeit angesehen werden, wie sie etwa in Call-Centres oder an Telefon-Hotlines

---

[3] engl. Ausdruck für die Anpassung von Serienprodukten,
vgl. http://de.wikipedia.org/wiki/Customizing (Stand 22.07.2007)

[4] engl. Services

[5] engl. Support

[6] vgl. http://de.wikipedia.org/wiki/Support_%28Dienstleistung%29 (Stand 22.07.2007)

anzutreffen ist. Das Ziel ist grundsätzlich die Bearbeitung und Lösung von Supportanfragen (Tickets) interner oder externer Kunden vor Ort, via E-Mail, Live-Support-System, Telefon, Fernwartung oder anderen Kommunikationsmitteln.

Support Service

Die Dienste (Services), die im Rahmen der Unterstützungsleistungen (Support) erbracht werden, können unter der Bezeichnung Support Service zusammengefasst werden.

Support Services werden unter wirtschaftlichen Gesichtspunkten erbracht, sie dienen also nicht einem bloßen Selbstzweck, sondern müssen für Dienstleister und Dienstnehmer einen Nutzen erbringen. Zum einen stellt sich seitens der Abnehmer die Frage, für welche Systeme überhaupt ein Service benötigt wird und welcher Umfang hier sinnvoll ist. Andererseits ist auch der Anbieter gezwungen, seine Dienstleistungen wirtschaftlich zu bewerten. Support Services müssen sich folglich hinsichtlich ihres Erfolges messen lassen können.

Im nächsten Unterabschnitt wird näher auf den speziellen und für diese Arbeit relevanten Support Service des Software Supports eingegangen.

Software Support

Nach den obigen Ausführen kann Software Support folglich definiert werden als Gesamtheit der Dienstleistungen, die für ein Softwareprodukt angeboten werden, um einen optimalen Betrieb beim Anwender zu gewährleisten (vgl. [Eidner 2004, Seite 3]).

Nach anderer Ansicht besteht Software Support darin, dass der Anwender bei Fehlfunktionen eines Programms oder bei Fehlbedienung Hilfe erhält (vgl. [Brockhaus 2003, Seite 857]). Diese Definition ist aber insbesondere bei enger Auslegung des Fehlerbegriffs nicht umfassend genug, da dabei der Bereich der Softwarewartung unzulässiger Weise ausgeklammert wird. Im folgenden Unterabschnitt wird die Bedeutung der Software-Wartung herausgehoben.

Softwarewartung

Als Bestandteil des Software Supports befasst sich die Softwarewartung mit Änderungen an bereits im Einsatz befindlichen Softwareprodukten. Die Änderungen können dabei auf verschiedene Weise motiviert sein (vgl. [Balzert 1998]).

- Es kann sich um Programmierfehler handeln, die bei der Erstellung der Software gemacht wurden

- Rahmen- oder Umweltbedingungen können sich geändert haben. Die verwendete Version der Software kann etwa aufgrund von Änderungen im Hardware- oder Systemsoftware-Bereich oder der organisatorischen Einbettung nicht mehr betrieben werden.

- Mit fortschreitender Verwendung des Systems treten vermehrt Änderungswünsche der Anwender auf.

Ein Software-Unternehmen hat auf alle genannten Motive entsprechend zu reagieren, um zu verhindern, dass die Software veraltet und an Gebrauchstauglichkeit und damit zwangsläufig an Wert verliert. Nach [Balzert 1998] lassen sich die dagegen gerichteten Maßnahmen in korrektive Tätigkeiten (Wartung) und progressive Tätigkeiten (Pflege) einteilen.

Bei den korrektiven Tätigkeiten handelt es sich um Maßnahmen zur Stabilisierung und Korrektur sowie zur Optimierung bzw. Leistungsverbesserung.

- Stabilisierung und Korrektur: Beim Test unentdeckte Fehler treten im Betrieb auf und müssen korrigiert werden. Bei der Beseitigung werden erfahrungsgemäß neue Fehler gemacht, die nach Aufdeckung bei nächster Gelegenheit ebenfalls beseitigt werden müssen.

- Optimierung bzw. Leistungsverbesserung: Unter Zeitdruck freigegebene Software ist in der Regel hinsichtlich der Ressourcen Rechenzeit, Hauptspeicher und Datenbankanbindung nicht optimal. Die Leistungsverbesserung wird in die Wartungsphase verschoben.

Als progressive Tätigkeiten lassen sich Anpassungen und Änderungen sowie Erweiterungen der Software identifizieren.

- Anpassungen und Änderungen: Die Anpassung der Funktionen, der Benutzeroberfläche oder der technischen Einbindung kann aufgrund sich ändernder Gesetze oder betriebliche Regeln erforderlich werden, wenn neue Formulare benötigt werden oder neue Betriebsysteme zum Einsatz kommen.

- Erweiterung: Des weiteren kommt es häufig vor, dass Funktionen im ersten Produktionszyklus nicht realisiert werden konnten oder Benutzer den Bedarf neuer Funktionen erst im laufenden Betrieb feststellen.

In der Tabelle 1 werden zur Vollständigkeit die weiteren Eigenschaften von Wartung und Pflege gegenüber gestellt (vgl. [Balzert 1998]).

Tabelle 1: Gegenüberstellung von Wartung und Pflege nach [Balzert 1998]

	Wartung	Pflege
Ziel	Lokalisierung und Behebung von Fehlern	Lokalisierung und Durchführung von Änderungen
Ausgangsbasis	fehlerhaftes, inkonsistentes Produkt	konsistentes Produkt
Größe - Bandbreite	geringe Auswirkung auf Gesamt-System	kleine bis große Änderungen
betroffene Teile	Implementierung	Analyse, Design, Implementierung, Test, Dokumentation
Planung	ereignisgesteuert, nicht vorhersehbar, nicht planbar	planbar

Obwohl der Wartungsbegriff somit eigentlich nur die korrektiven Maßnahmen umfasst, werden im alltäglichen Sprachgebrauch auch die progressiven Tätigkeiten dem Bereich der Wartung zugeordnet (vgl. [Eidner 2004, Seite 4] mit weiterem Nachweis).

Demnach wird nur auf die Richtung der Anforderung abgestellt:

- Wird die Änderung am Softwareprodukt als Reaktion auf eine Anfrage des Kunden vorgenommen, so wird dies reaktive Softwarewartung genannt.
- Geht die Änderung hingegen von der Wartungsorganisation aus, so handelt es sich um proaktive Softwarewartung.

Für den Fortgang der Arbeit ist diese unterschiedliche Sichtweise indes nicht wesentlich, denn das nach der Aufgabenstellung zu suchende Automatisierungswerkzeug muss jedenfalls sämtliche Anfragen der Anwender verwalten können, unabhängig ihrer bisweilen nicht trivialen Einstufung als Fehler oder Erweiterung bzw. Wartung oder Pflege.

Die Erfahrung zeigt, dass der überwiegende Anteil der im Software Support eingehenden Meldungen nicht auf Fehlfunktionen der Software zurückzuführen ist, sondern in der Organisation der Geschäftsprozesse des Kunden oder auf einer Fehlvorstellung des Anwenders bezüglich der Funktionalität der Software liegt. Insbesondere bei sehr komplexen Softwareprodukten ist es auch für die Support-Mitarbeiter bisweilen recht problematisch, eingehende Meldungen entsprechend zu klassifizieren. Daraus resultieren einige Anforderungen an die Support-Organisationen der Softwareunternehmen. Einerseits müssen die Produkte im Rahmen der Wartungsverträge gewartet werden und des weiteren wird dem Kunden bzw. den Anwendern eine entsprechende Beratungsleistung geschuldet, wenn es sich nicht um ein Problem aufgrund eines Fehlers in der Software handelt. Letzteres muss allerdings zunächst einmal erkannt werden, was, wie bereits ausgeführt, teilweise nicht trivial ist und folglich einer eingehenden Analyse eines qualifizierten Mitarbeiters des Support-Teams bedarf.

2.3 IT Service Management

Nachdem nun die Fundamente des IT Service Management dargelegt sind soll noch einmal auf den serviceorientierten Ansatz eingegangen werden, der mit diesem Begriff in unmittelbaren Zusammenhang steht.

Der Sichtweise des ITSM entspricht es, wohl definierte, an den Anforderungen und Bedürfnissen der beteiligten Unternehmungen ausgerichtete Dienste und Anwendungen bereitzustellen. Voraussetzung dazu ist die durchdachte Steuerung und Verwaltung der IT-Services, wobei dies durchgängig aufrecht zu erhalten ist, denn nur so können die Dienste erfolgreich betrieben und weiterentwickelt werden [Sommer 2004, Seite 38].

Zur Verwirklichung des ITSM mit all seinen Anforderungen sind in starkem Maße Kompetenzen aus den Bereichen Serviceorientierung, Planung und Organisation sowie der Betriebswirtschaft gefordert. Das Hauptaugenmerk bei der Einführung des ITSM liegt nicht in der isolierten Betrachtung der einzelnen Services, sondern bei den Resultaten der Bereitstellung der Dienste (vgl. [Clauss 2006b, Seite 17] und [Sommer 2004, Seite 39]).

Aufgrund der Komplexität der Materie ist es geboten, sowohl bei der Planung und der anschließenden Bereitstellung als auch beim Reorganisieren vorhandener Strukturen einem Best Practice[7] zu folgen. Rahmenwerke, die ITSM zum Teil nach firmenspezifischen Vorgaben oder als branchenorientierte Lösungen beschreiben, sind zum Beispiel

- die enhanced Telecom Operations Map (eTOM),
- das Microsoft Operations Framework (MOF) von Microsoft,
- das IT Process Model (ITPM) von IBM und
- das HP IT Service Management Reference Model (HPITSM) von Hewlett-Packard.

Eine weitere Aufzählung anerkannter Best Practices findet sich etwa bei [Clauss 2006b, Seite 18]. Mit der dort gelisteten Information Technologie Infrastructure Library (ITIL) des Office of Government Commerce (OGC)[8] beschäftigt sich detailliert der nächste Abschnitt.

---

[7] eine in der Praxis erprobte und bewährte optimale Vorgehensweise

[8] eine Einrichtung der Britischen Regierung, Einzelheiten in Abschnitt 0

3. Information Technology Infrastructure Library (ITIL)

In diesem Abschnitt wird zunächst ein allgemeiner Überblick über die IT Infrastructure Library (ITIL) gegeben, wobei auf die Entstehungsgeschichte und die Bedeutung des Frameworks eingegangen wird. Anschließend werden die Kern-Publikationen der ITIL vorgestellt. Die für diese Arbeit relevanten Elemente des ITIL gemäßen IT Service Managements sowie die Funktion Service Desk und der Prozess des Incident Managements werden jeweils ausführlicher betrachtet.

Die folgenden Ausführungen basieren auf Version 2 des ITIL-Frameworks, Stand Ende Mai 2007. Der mittlerweile erfolgte ITIL-Refresh auf die Version 3 konnte aus diesem Grund nicht mehr hinreichend berücksichtigt werden. Darüber hinaus fanden sich zu der Zeit in der öffentlichen Diskussion auch einige kontroverse Meinungen[9] zur Migration auf ITIL V3.

Hinsichtlich der relevanten Themen haben sich aber, wie sich jedenfalls feststellen ließ, keine gravierenden Unterschiede ergeben, so dass eine Beeinträchtigung hinsichtlich der Gebrauchstauglichkeit der Arbeitsergebnisse nicht zu befürchten ist.

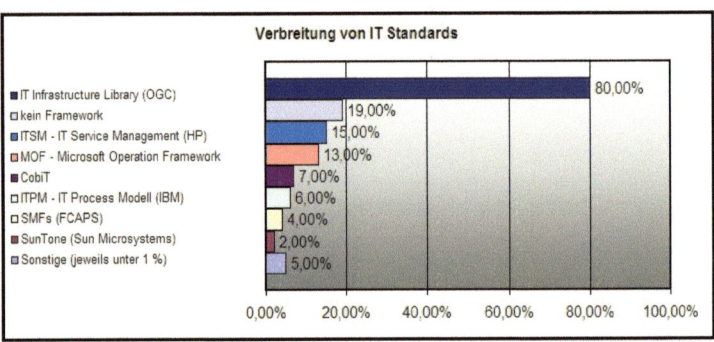

Abbildung 3: Marktanteile der IT Infrastructure Library [Aalen 2004]

3.1 Überblick

Die IT Infrastructure Library (ITIL) wurde in den Jahren 1989 bis 1994 von der CCTA (Central Computer and Telecommunications Agency) – heute bekannt unter OGC (Office of Government Commerce) – als Prozessmodell für den Support der Informationssysteme der britischen Regierung entwickelt und hat sich in der Industrie als De-facto-Standard[10] durchgesetzt. Während der

---

[9] vgl. www.computerzeitung.de/article.html?thes=&art=/articles/2007023/31112625_ha_CZ.html und
www.computerzeitung.de/article.html?thes=&art=/articles/2007028/31146969_ha_CZ.html
(beide mit Stand 22.07.2007)

[10] Standard, der allgemein angenommen und verwendet wird, aber im Gegensatz zu einem De-jure-Standard keine formale Zustimmung durch eine anerkannte Standardisierungsorganisation besitzt

Entwicklung arbeiteten große Unternehmen, bekannte Rechenzentren sowie weitere ausgewählte IT-Spezialisten an diesem Projekt mit. Im Jahr 2004 hatten weit über 10.000 Unternehmen das ITIL-Framework angenommen und es gab weltweit über 50.000 zertifizierte ITIL-Professionals [Sommer 2004, Seite 42]. Nach einer im gleichen Jahr durchgeführten Studie der FH Aalen [Aalen 2004] richten die meisten der befragten Unternehmen die Struktur ihrer Prozesse nach den Vorgaben der ITIL aus, wie die Abbildung 3 veranschaulicht[11].

ITIL besteht in der hier zugrunde liegenden Revision 2 im Wesentlichen aus fünf auf das ITSM bezogene Publikationen, welche die Managementbereiche der Business Perspective, des Application Managements, des ICT Infrastructure Managements sowie des Service Delivery und des Service Supports beschreiben. Daneben gibt es noch die drei Bände Software Asset Management, Security Management und Planning to Implement Service Management, die allerdings nur thematische Ergänzungen darstellen (vgl. [Zarnekow u. a. 2005, Seite 19]) und hier nicht weiter betrachtet werden.

- Die **Business Perspective** betrachtet aus Sicht der Unternehmensleitung die IT Prozesse, die sich mit Outsourcing und Beziehungsfragen zwischen einer IT-Organisation und einem externen Lieferanten, mit Veränderungen der Geschäftsverfahren und mit Business Continuity Management beschäftigen [OGC 2004].

- Das **Application Management** befasst sich mit dem gesamten Lebenszyklus von Software und Softwarekomponenten, insbesondere mit dem **Software Lifecycle Support**, bei dem es um Planen, Entwickeln, Implementieren und Außerbetriebnehmen geht und des weiteren mit dem Testen [OGC 2002b].

- Beim **ICT-Infrastructure-Management** geht es um alle Aspekte der Überwachung und Steuerung der IT-Infrastruktur, ausgehend von der Design- und Planungsphase über die Umsetzung bis hin zum Betrieb und technischen Support [OGC 2002a].

- **Service Delivery** beschäftigt sich mit den Aufgaben Planung, Überwachung und Steuerung zur Sicherstellung der angebotenen Dienstleitungen [OGC 2001].

  Es beschreibt den Prozess **Service Level Management**, der die Dokumentation, Anpassung und Überwachung der qualitativen Service-Ziele in Service Level Agreements[12] (SLA) beinhaltet.

  Die Aushandlung eines solchen Kontraktes ist Aufgabe des **Financial Managements**. Hier geht es darum, die Leistungen zu realistischen Preisen anbieten zu können, also um die betriebswirtschaftliche Kostenperspektive.

  Das **Capacity Management** plant die aus Sicht der Unternehmensplanung erforderliche die IT-

---

[11] In der Umfrage waren Mehrfachnennungen möglich.

[12] SLAs definieren, welche IT-Leistungen unter welchen Bedingungen geliefert werden

Infrastruktur, um dauerhaft genügend Ressourcen und Kapazitäten zur Verfügung zu haben.

Das **Continuity Management** muss die Verfügbarkeit der IT-Infrastruktur sicherstellen und befasst sich mit alternativen Verfahren zur Weiterführung des Betriebs, wenn die IT längerfristig ausfällt.

Das **Availability Management** schließlich hat die Leistungsfähigkeit der IT-Ressourcen in Richtung Verfügbarkeit zu optimieren und deren kostenwirksame und nachhaltige Umsetzung zu garantieren.

- Der Bereich des **Service Supports** stellt dahingegen operativ die Umsetzung der Service-Prozesse und den Support sicher [OGC 2003].

Die Funktion des **Service Desk** wird nach der Philosophie der IT Infrastructure Library als zentrale Schnittstelle zwischen IT-Benutzern und Dienstleistern etabliert, die eng mit dem Prozess des **Incident Managements** verknüpft ist. Zusammen soll eine schnellstmögliche Wiederherstellung des normalen IT-Betriebs bei minimaler Behinderung des Geschäftsbetriebs sicher gestellt werden. Aufgrund der zentralen Bedeutung für diese Arbeit werden dem Service Desk und dem Incident Management jeweils vertiefende Ausführungen gewidmet.

Des weiteren gehören das **Problem Management**, das die durch Fehler in der IT-Infrastruktur verursachten Auswirkungen auf den Geschäftsbetrieb proaktiv verhindert und das **Configuration Management** zum Service Support. Letzteres stellt in Form der Configuration Management Database (CMDB) das Konfigurationsverzeichnis aller beteiligten IT-Komponenten, inklusive ihrer jeweiligen Versionen, Ausstattungen und Zuordnungen dar, indem es die Infrastruktur dokumentiert und dazu beiträgt, problematische Komponenten zu identifizieren.

Das **Change Management** legt standardisierte Verfahren für kleine bis mittlere Veränderungen der IT-Landschaft fest, um änderungsbedingte Störungen oder Ausfälle zu vermeiden bzw. ein Rollback[13] zu ermöglichen. Das Change Management arbeitet eng mit dem **Release Management** zusammen, welches die Änderungen und neuen Versionen zur Installation frei gibt.

In Abbildung 1 werden die verschiedenen Managementbereich des ITIL Frameworks zusammenfassend dargestellt sowie deren Einordnung in die Gesamtstruktur und die bestehenden Schnittstellen veranschaulicht.

---

[13] Wiederherstellung eines ursprünglichen Zustandes vor einer durchgeführten Änderung

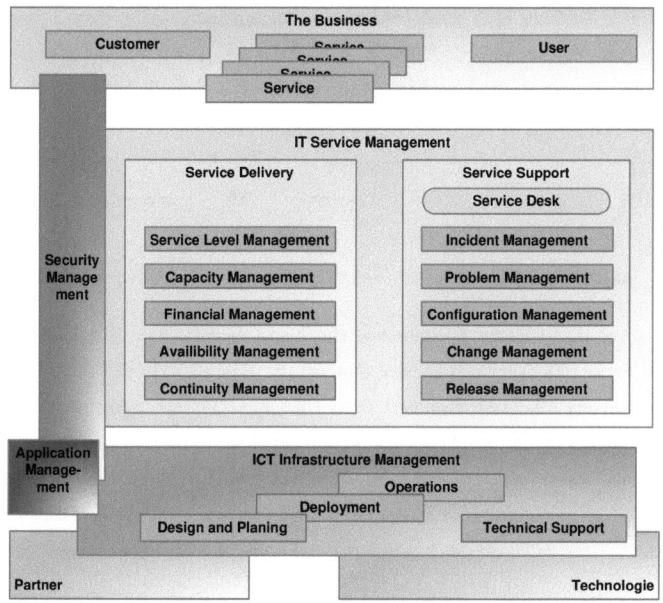

Abbildung 1: ITIL-Übersicht [OGC 2002a]

In der Version 3 des ITIL Frameworks wurden die Themen unter der Prämisse des Lifecycle teilweise ergänzt, neu geordnet und auf 5 Bücher verteilt. Die für diese Arbeit relevanten Themen finden sich in der Kernpublikation Service Betrieb (engl. Service Operation)[14].

Anzumerken bleibt noch, dass der Begriff ITIL heute nicht mehr nur die Bücher alleine repräsentiert, sondern für eine ganze Industrie steht, die sich um die ursprünglichen Bücher entwickelt hat. Dazu gehören Training-Organisationen, Zertifizierungsstellen, Beratungsunternehmen, Hersteller von ITIL konformen Software-Tools und Vermittlern von Geschäftsverbindungen. ITIL ist ferner die Grundlage für ein Qualitätsmanagement im IT-Bereich. Alle Prozesse haben eine enge Anlehnung an Qualitätssysteme, wie z. B. DIN EN ISO 9000:2000, und Total Quality Frameworks, wie z. B. der European Foundation for Quality Management (EFQM); durch die definierten Prozesse und „Best Practice" -Methoden für das Management von IT-Services ermöglicht ITIL so einen schnellen Weg zur Qualitäts-Zertifizierung der IT.

3.2 IT Service Management nach ITIL

Nach der Definition der IT Infrastructure Library befasst sich das IT Service Management mit der

---

[14] http://de.wikipedia.org/wiki/ITIL_V3_Service_Operation (Stand 22.07.2007)

Planung und Bereitstellung einer kundenorientierten Dienstleistung und bedient sich dabei eines prozessorientierten Verfahrens (vgl. [Olbrich 2006, Seite 8]). Durch diese Definition wird die prozessorientierte Vorgehensweise hervorgehoben. Abbildung 2 veranschaulicht den Workflow von den ITIL-Empfehlungen bis hin zu den modellierten Geschäftsprozessen.

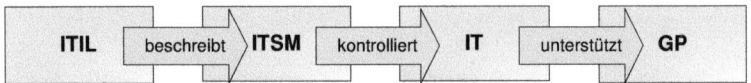

Abbildung 2: Wirkungskette von ITIL bis zu den Geschäftsprozessen

Wie bereits zuvor in Abbildung 1 veranschaulicht, bilden in der Version 2 der ITIL die beiden Publikationen **Service Delivery** und **Service Support** das Herzstück des ITSM. Während sich der Titel **Service Delivery** dabei taktischen (vgl. [Ebel 2006, Seite 39]) bzw. strategischen (vgl. [Victor 2005, Seite 23] und [Sommer 2004, Seite 52]) Themen des ITSM widmet, werden die für diese Arbeit relevanten Inhalte neben weiteren operativen Elementen im Titel **Service Support** beschrieben. Intention der ITIL ist es, unterstützend bei der Einrichtung bzw. Optimierung einer leistungsfähigen IT Abteilung mitzuwirken und diese durch bewährte Prozesse bei der Organisation zu unterstützen. Die in ITIL definierten Aktivitäten des Incident Management sind dabei in einem Software-Unternehmen vollständig adaptierbar (vgl. [Eidner 2004, Seite 7]).

Nachfolgend werden das Service Desk als Funktion sowie der Prozess des Incident Managements detaillierter betrachtet.

3.3 ITIL Service Desk

Das User Help Desk, nach ITIL-Wording[15] **Service Desk** genannt, ist als einziges Element in ITIL nicht als Prozess, sondern als Funktion definiert [Victor 2005, Seite 28].

Das ITIL Service Desk ist vorgesehen als einzige operative Kontaktstelle (SPOC, Single Point of Contact, vgl. [Olbricht 2006, Seite 16]) zwischen der IT-Service-Support-Abteilung und den Kunden bzw. den Endbenutzern, die Hilfe benötigen, Fragen haben oder neue Anforderungen stellen. Die Anforderungen an die Mitarbeiter sind dementsprechend hoch, da die Kunden bei einem Anruf erwarten, dass sie nicht mit weiteren Mitarbeitern verbunden werden, sondern möglichst sofort eine Antwort auf ihr Anliegen erhalten.

Hauptziel des Service Desks ist es, dass möglichst viele Fragen bereits bei der ersten Kontaktaufnahme des Kunden gelöst werden können. Die Mitarbeiter müssen folglich technisches Fachwissen und soziale Fähigkeiten besitzen. Eine enge Zusammenarbeit mit dem **Incident**

---

[15] Bezeichnungen gemäß [OGC 2003, Appendix A.2: Glossary of terms]

Management ist notwendig, wobei nicht ausgeschlossen ist, dass Mitarbeiter des Incident Managements das Service Desk betreiben.

Es gibt mehrere Service Desk Ausprägungen, die sich unterscheiden lassen in einfache **Call Center** zur bloßen Entgegennahme und Weiterleitung eingehender Anfragen, **laienhafte Service Desks**, die darüber hinaus auch eine (triviale) Erstlösung anbieten und des weiteren **professionelle Service Desks**, die auch erweiterte Lösungen bereitstellen können sowie **hoch qualifizierte Service Desks**, die einen Großteil aller anfallenden Störungen selbst verwalten und beheben. Es ist folglich grundsätzlich zu klären, welche Form des Service Desks im konkreten Einzelfall erforderlich und auch geeignet ist, die vertraglich zugesicherten Kundenanforderungen zu erfüllen.

Der von Herstellern komplexer Individual-Software den Kunden zu leistende Support kann nur von einem hoch qualifizierten (Experten) Service Desk erbracht werden, die nachfolgenden Betrachtungen orientieren sich daher an dessen Anforderungen. Abbildung 3 veranschaulicht den Zusammenhang von Qualität und Kosten, die jeweils von links nach rechts zunehmen.

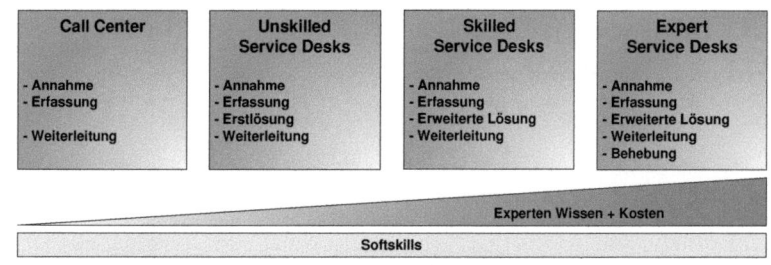

Abbildung 3: Service Desk Ausprägungen [Olbrich 2006, Seite 22]

Die Aufgaben des Service Desks fasst [Olbrich 2006, Seite 16] wie folgt zusammen:

- zentrale Kommunikationsschnittstelle (SPOC) mit konkreten Ansprechpartnern

- Aufnahme, Dokumentation und Auswertung aller Vorfälle

- Unmittelbare Bearbeitung einfacher Sachverhalte im Rahmen eines 1st Level Supports

- Ersteinschätzung von Vorfällen und eine entsprechende Weiterleitung an die nachgelagerten Supportstellen; Koordination von 2nd Level Support und 3rd Level Support

- Überwachung, Nachverfolgung und Eskalation von laufenden Supportvorgängen; frühzeitiges Erkennen von Bedürfnissen und Problemsituationen

- Überprüfung der Einhaltung des Dienstleistungsgegenstands anhand von SLAs

- Reporting gegenüber Usern (bzw. Kunden) und Management; Informationen über den aktuellen

Status von Vorgängen, geplanten Änderungen und verschiedenen Nutzungsmöglichkeiten

- Überprüfung der Kundenzufriedenheit, Stärkung der Kundenbeziehung; Kontaktpflege; Aufspüren neuer Geschäftschancen

Die Nutzung eines Tools zur Automatisierung des Service Desk ist dabei ein Muss für jede moderne Support-Organisation. Nur so kann ein hohes Maß an Effizienz und Genauigkeit sowie ein schneller Zugriff auf Lösungen bekannter Probleme (Known Errors), auf Anrufhistorien und Managementinformationen ermöglicht werden [OGC 2003, Kap. 4.3.1][16].

Die nachfolgende Abbildung 4 stellt den Workflow des Service Desk im Umgang mit den Incidents dar.

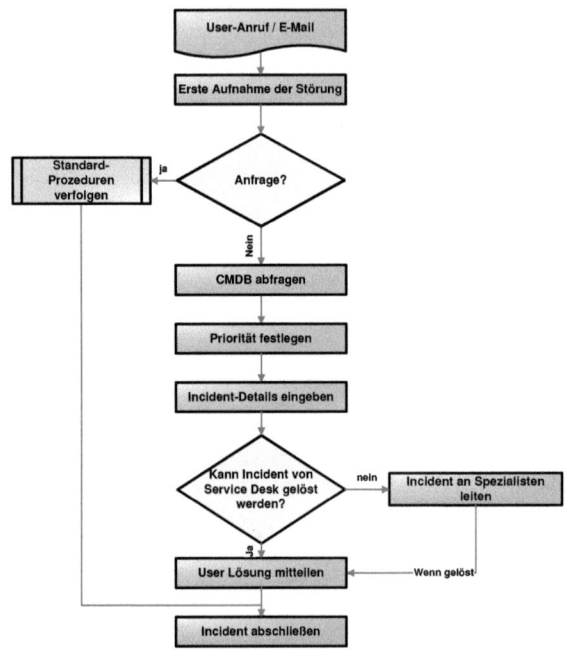

Abbildung 4: Incident-Bearbeitung im Service Desk [OGC 2003, Annex 5E]

Zusammenfassend kann festgehalten werden, dass die Funktion Service Desk die zentrale Kontaktstelle zwischen Benutzern und IT-Service Management darstellt und somit auch das Unternehmen nach außen repräsentiert. Das Service Desk steht dabei mit den Prozessen Incident, Problem, Configuration, Change und Release Management des Service Support Bereichs sowie mit

---

[16] die elektronische Ressource ist nicht paginiert, daher wird hier auf die Kapitel bezogen zitiert

dem Prozess Service Level Management des Bereichs Service Delivery über definierte Schnittstellen in Wechselbeziehungen [Victor 2005, Seite 28].

Auf die wohl wesentlichste Wechselbeziehung zum Incident Management wird im nächsten Abschnitt eingegangen.

3.4 Incident Management

Im Rahmen der ITIL-Implementierungen gehört das Incident Management im operativen Bereich zu den Einstiegsbereichen (vgl. [Victor 2005, Seite 117]). Nach Koll [Koll 2004, Seite 9] ist der Support-Bereich, zu dem das reaktive Incident Management zählt, weiter verbreitet als die proaktiven Services etwa des Problem Managements. Der Einsatz von softwarebasierten Automatisierungstools verspricht hier ein hohes Kostenoptimierungspotenzial (siehe Abbildung 5) für das ITSM. Nach [Zarnekow u. a. 2005, Seite 144] wird empfohlen, wenn keine ausreichenden Ressourcen zur Einführung aller ITIL-Prozesse zur Verfügung stehen, jedenfalls mit der Umsetzung des Incident Managements und des Service Desk zu beginnen, um schnelle Erfolge und damit Akzeptanz innerhalb der IT-Organisation und beim Kunden zu erzielen.

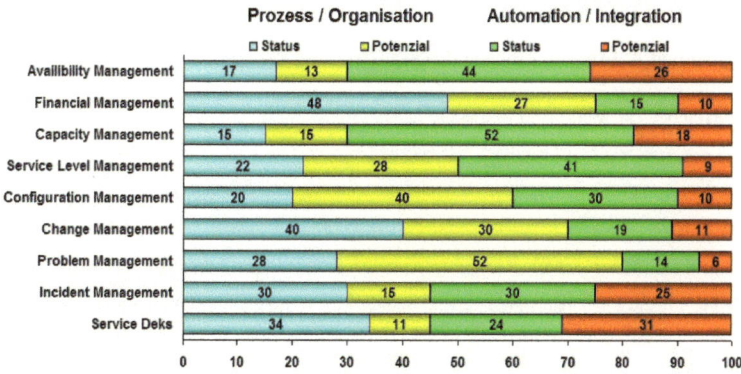

Abbildung 5: Optimierungspotenzial im ITSM in % [Koll 2004, Seite 9]

Das Incident Management aus dem Service Support Bereich des ITIL Frameworks wird schwerpunktmäßig im Service Desk, teilweise auch in nachgelagerten Supportgruppen ausgeführt (vgl. [Victor 2005, Seite 26]). Es befasst sich mit der schnellstmöglichen Wiederherstellung eines normalen störungsfreien Geschäftsbetriebs bei möglichst geringer Beeinträchtigung der Geschäftsprozesse des Kunden, wobei ein „normaler störungsfreier Betrieb" aus den Vereinbarungen abgeleitet werden kann, die in entsprechenden Service Level Agreements niedergelegt worden sind [Victor 2005, Seite 34].

Bevor auf die Aktivitäten des Incident Managements eingegangen wird sollen kurz einige verwendete Begriffe erläutert werden:

Incidents sind Ereignisse, die nicht zum standardmäßigen Betrieb eines Dienstes gehören und tatsächlich oder potentiell eine Unterbrechung oder eine Minderung der Service-Qualität verursachen.

Ein **Problem** ist die Ursache einer oder mehrerer Störungen. Die Analyse von Incidents (reaktiv) und Trendbeurteilungen (proaktiv) lassen Probleme im Sinne von Fehlerursachen erkennen und sorgen so für eine Vermeidung von Störungen.

Known Errors bezeichnen Probleme, dessen Ursache bereits festgestellt wurde.

Work-arounds stellen Übergangslösungen für Problems dar, die dem Incident Management zur Verfügung gestellt werden, bis das eigentliche Problem gelöst ist.

Ein **Request for Change** (RFC) stellt einen Vorschlag bzw. Anforderung zu einer Änderung (z. B. zur Problemlösung) dar.

Den Zusammenhang der bisher genannten Begriffe illustriert Abbildung 6:

Abbildung 6: Incident, Problem, Known Error und RFC [OGC 2003, Kapitel 5.3.5]

Die **Priorität** ist ein Merkmal zur Steuerung der Störungsbearbeitung. Einflussgrößen sind dabei einerseits die Auswirkung (die Folgen der Störung für die Geschäftsprozesse des Kunden) und des weiteren die Dringlichkeit (maximal tolerierbarer Verzug der Störungsbeseitigung aus Sicht des Kunden).

Eskalation ist notwendig, wenn eine Störung nicht oder nicht innerhalb einer vereinbarten Zeit von der jeweiligen Instanz behoben werden kann. Sie lässt sich in funktionale (Weiterleitung einer Störung an und Anforderung von Spezialisten) und hierarchische Eskalation (Einschaltung übergeordneter Weisungsgeber aus der Aufbauorganisation) unterteilen.

Im Sinne der ITIL wird der Störungsbegriff also weit gefasst. Störungen sind demnach alle Ereignisse, die nicht Teil vordefinierter Rahmenbedingungen (SLAs) der IT-Dienste sind und die in irgendeiner Form zu Störungen oder Minderungen der Qualität dieser Dienste beitragen. Darüber hinaus werden in Version 2 des Frameworks[17] auch Anfragen für neue IT-Dienste, so genannte Request for Change (RFC) unter dem Begriff Incident verstanden [OGC 2003, Kapitel 5.2].

---

[17] in ITIL V3 wurde hierzu der eigene Prozess „Request Fulfilment" geschaffen, im Ergebnis verbleibt es aber bei der Bearbeitung im Service Desk

Aktivitäten

Einen ersten Überblick über die Aktivitäten und die Einordnung des Incident Management Prozesses innerhalb des Service Supports vermittelt Abbildung 7.

Wie dort dargestellt kann der Input aus den unterschiedlichsten Quellen kommen, unter anderem aus dem Service Desk. Als Outputs ergeben sich zum einen Requests for Changes (an den Prozess Change Management gerichtet) oder des weiteren Lösungen im Sinne von Problem-Beseitigungen oder - Umgehungen, die sich an den Anwender richten. Die Configuration Management Database (CMDB) und darüber hinaus weitere Datenbanken mit dort hinterlegten Aufzeichnungen über bekannte Probleme und deren Lösungen oder Work-arounds sind die zentralen Hilfsmittel für das Incident Management [Victor 2005, Seite 38]. Zu den Ergebnissen des Prozesses zählen insbesondere die Kommunikation mit den Anwendern über gelöste oder beseitigte Incidents sowie zu den SLA-relevanten Aspekten und der formale Abschluss der Incidents.

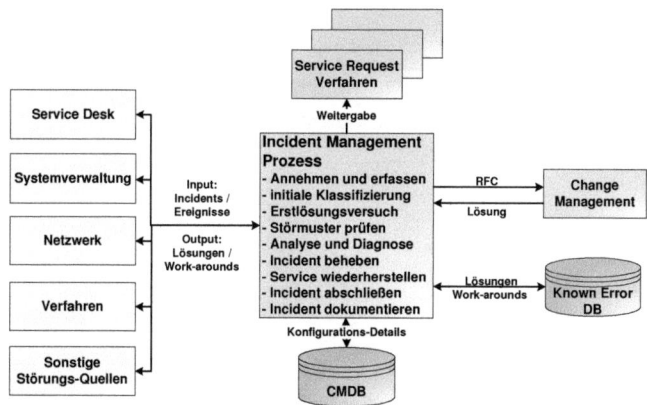

Abbildung 7: Incident Management Prozess-Umfeld [OGC 2003, Kapitel 5.2]

Die Aktivitäten des Incident Management lassen sich in 6 Teilprozesse (in Abbildung 8 blau dargestellt) untergliedern (vgl. [Victor 2005, Seite 39 ff]), von denen 5 sequentiell (unter Umständen in mehreren Iterationen) verlaufen und ein weiterer Teilprozess die übrigen parallel begleitet.

Teilprozess 1: Incident Detection and Recording [OGC 2003, Kapitel 5.6.1]

In diesem ersten Teilprozess geht es um das Entdecken einer Störung bzw. um das Annehmen einer darauf gerichteten Meldung sowie um die Aufzeichnung der relevanten Daten. Im Einzelnen lassen sich folgende Aktivitäten identifizieren:

- Aufzeichnen der grundlegenden Details des Incidents
- Benachrichtigung der Spezialisten Support-Gruppen falls erforderlich

17

- Starten der Prozeduren für die Behandlung der Service Requests

Teilprozess 2: Classification and Initial Support [OGC 2003, Kapitel 5.6.2]

Im zweiten Teilprozess erfolgt die Klassifizierung des Incidents und ein Erstlösungsversuch. Die Aktivitäten werden wie folgt benannt:

- Klassifizierung von Incidents und Abbildung derselben gegen bekannte Fehler oder bekannte Probleme
- Ergebnis einer (im vorherigen Schritt gestarteten) Abfrage verwenden
- Informieren des Problem Managements über die Existenz eines neuen Problems und über unbekannte und mehrfach aufgetretene Incidents
- Zuweisung von Auswirkung und Dringlichkeit des Incidents auf die Geschäftsprozesse und der sich daraus ergebenen Priorität, mit der dieser Vorgang bearbeitet werden muss
- Bewertung in Zusammenhang stehender Configuration Details und initialer Support
- Abschluss des Incidents oder Routen zu einer Spezialisten-Support-Gruppe und Informieren des IT-Anwenders

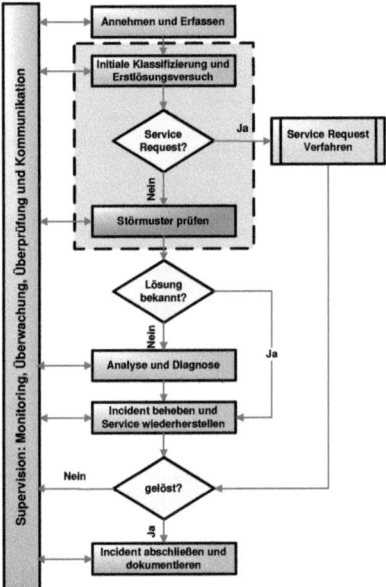

Abbildung 8: Incident Lifecycle (vgl. [OGC 2003, Kapitel 5.3.1])

Teilprozess 3: Investigation and Diagnosis [OGC 2003, Kapitel 5.6.3]

In diesem Teilprozess wird der behandelte Incident im Detail untersucht und bewertet, es erfolgt eine eingehende Analyse und Diagnose des Incidents. Die beiden Aktivitäten sind:

18

- Bewertung der Incident Details
- Lösung oder Weiterleitung

Teilprozess 4: Resolution and Recovery [OGC 2003, Kapitel 5.6.4]

Im vierten Teilprozess laufen die in den vorherigen Schritten erzielten Erkenntnisse und Ergebnisse zusammen, um die Lösung oder Beseitigung des Incidents herbeizuführen und den ausgefallenen oder beeinträchtigten Service wiederherzustellen. Auf Basis der zusammen getragenen Details erfolgen die Aktivitäten:

- Lösung oder Beseitigung des Incidents
- Beauftragung eines Request for Change (alternativ)
- Aktionen zur Wiederherstellung (Recovery)

Teilprozess 5: Incident Closure [OGC 2003, Kapitel 5.6.5]

In diesem fünften Teilprozess wird der Incident nach der erfolgreichen Lösung oder Beseitigung formell abgeschlossen und dokumentiert. Dabei fallen folgende Aktivitäten an:

- Bestätigung der Lösung bzw. Beseitigung an den IT-Anwender
- Abschluss der Kategorie Incident[18]
- Vollständige und akkurate Klassifizierung des Incidents nach den Ursachen
- Dokumentation der mit dem Kunden oder Anwender vereinbarten Aktivitäten zur Lösung oder Beseitigung
- Aufzeichnung aller Details wie IT-Anwenderzufriedenheit, Projekt-Codes der beauftragten Support-Gruppen, Aufwand, Personen, Datum, Zeit des Abschlusses etc.

Teilprozess 6: Ownership, Monitoring, Tracking and Communication [OGC 2003, Kapitel 5.6.6]

Begleitend zu den zuvor aufgeführten Teilprozessen erfolgen in diesem sechsten Teilprozess Aktivitäten, die erforderlich sind, um die Übernahme der Verantwortung für den Incident, die ordnungsgemäße Dokumentation und Verfolgung und die Kommunikation zu allen beteiligten Gruppen sicher zu stellen [Victor 2005, Seite 44]. Es handelt sich somit um eine Art Supervision mit den folgenden Aktivitäten.

- Monitoren (Erkennung, Verfolgung, Aufzeichnung) von Incidents
- Eskalation von Incidents
- Informieren des IT-Anwenders (durch die zentrale Funktion des Service Desk)
- Management Reports über Fortschritt und Status der Incident-Behandlung

Rollen und Verantwortlichkeiten

Nach dem Rollenkonzept der ITIL ist der Incident Manager verantwortlich für den gesamten Prozess.

---

[18] der Vorgang an sich kann aber weiterhin existieren in Form eines offenen Problems

Ihm zugewiesen sind die Mitarbeiter des First und Second Level Supports. Einzelheiten zu den jeweils typischen Aufgaben fasst die folgende Tabelle 1 zusammen (vgl. [Zarnekow u. a. 2005, Seite 154]).

Tabelle 1: Rollen im Incident Management [Zarnekow u. a. 2005]

Rolle	Verantwortlichkeiten
Incident Manager	• Überwachung und Steigerung der Effizienz • Produktion von Informationen für das Management • Steuerung und Überwachung der Mitarbeiter des Incident Managements • Entwicklung und Aufrechterhaltung des Incident Management Systems
Mitarbeiter 1st Level Support	• Registrierung von Störungen bzw. Service-Anfragen • Weiterleitung von Service-Anfragen • Erste Hilfestellung und Klassifizierung • Überwachung des Status und Fortschritts für offene Vorgänge • Information von und Kommunikation mit den Nutzern • Gegebenenfalls Auslösen von Eskalationen • Falls möglich Behebung der Störung • Schließen der Störung bzw. der Service-Anfragen
Mitarbeiter 2nd Level Support	• Bearbeitung der Service-Anfragen • Überwachung der Störungs- bzw. Anfragedetails (inklusive der betroffenen IT-Komponente) • Störungsuntersuchung und Diagnose • Identifizierung von möglichen Problemen und Weiterleitung an das Problem Management • Behebung von zugewiesenen Störungen

Schnittstellen zu weiteren Prozessen

Die Schnittstellen des Incident Managements zu den weiteren Prozessen des ITSM werden in Tabelle 2 aufgeführt.

Tabelle 2: Schnittstellen des Incident Managements

ITSM-Prozess	Anforderung
Configuration Management	Ermittlung von Informationen über Konfigurationsdaten (und evtl. Änderung bei Abweichungen von der Realität)
Problem Management	Unterstützung durch das Problem Management (Lieferung von Informationen über Probleme, bekannte Fehler und Work-arounds)
Change Management	Entgegennahme und Bearbeitung von Service-Requests durch das Incident Management (Abwicklung durch das Change Management); Information des Incident Managements über Änderungen
Service Level Management	Informationsaustausch hinsichtlich vereinbarter Service Levels zur Störungsbeseitigung und deren Einhaltung
Capacity Management	Informationslieferung des Incident Managements über Störungen, die wegen fehlender Ressourcen aufgetreten sind (Bearbeitung durch das Capacity Management).

Sowohl Incidents als auch Problems müssen in einem IT-System dokumentiert werden. Diese Aufgabe lässt sich durch Ticket Systeme realisieren, um die es nachfolgend geht.

4. Trouble Ticket Systeme

Zur Unterstützung des Incident Managements empfiehlt ITIL [OGC 2003, Kapitel 5.10] die Verwendung entsprechender Automatisierungs-Software (Tools). In diesem Abschnitt geht es daher um eine spezielle Art Management-Software, die sich besonders für die Aktivitäten im Zusammenhang mit dem Annehmen und Erfassen sowie dem Monitoring und Tracking eignet. Diese Art Software wird überwiegend unter der Bezeichnung Trouble Ticket System (TTS) geführt, wobei teilweise auch Kombinationen der Begriffe Trouble, Bug, Incident, Request, Problem und Ticket oder Tracking verwendet werden, überwiegend aber jeweils Ähnliches bis Gleiches gemeint ist: Die Software soll sicherstellen, dass der Überblick hinsichtlich noch zu erledigender Aktivitäten nicht verloren geht und bereits vorhandenes Wissen jederzeit abrufbar ist.

Im folgenden Unterabschnitt wird zunächst der Begriff Trouble Ticket System definiert, anschließend werden die an ein zeitgemäßes Trouble Ticket System zu stellenden Anforderungen betrachtet.

4.1 Definition: Trouble Ticket System

Ein Trouble Ticket System (TTS)[19] ist eine Art von Software, um Empfang, Bestätigung, Klassifizierung und Bearbeitung von Kundenanfragen (Trouble-Tickets) zu handhaben. Moderne TTS unterstützen dabei verschiedene Medien wie Web, Mails und Faxe und haben offene Schnittstellen zu anderen Systemen wie z. B. Kundendatenbanken.

Die Einsatzgebiete von Trouble Ticket Systemen sind dabei vielfältig, das Grundprinzip solcher Systeme ist aber ähnlich. Unabhängig davon ob es sich um Problem Tracking Systeme, Bug Tracking Systeme, Feature Request Systeme etc. handelt, wird grundsätzlich zu einem Vorgang ein Ticket mit einer Beschreibung der aufgetretenen Situation angelegt, zu der mit der Zeit weitere Informationen in Form von Ticketeinträgen hinzugefügt werden. Dabei kann es sich um Informationen aus Telefongesprächen handeln, oder auch einfach um Anmerkungen, die sich im Laufe der Zeit zu dem Vorgang ergeben und bei der weiteren Bearbeitung eventuell als hilfreich herausstellen können. Ein Trouble Ticket ist dabei ein Datensatz für genau eine Störung, der zumindest Störungsmelder, betroffene Komponente, Störsymptome und Lösung enthält [Kruse 2001, Seite 3]. Zusätzlich zur erfassten Information erhalten die Tickets weitere Angaben in Form von Metadaten, mit deren Hilfe es ermöglicht wird, den Datensatz selbst oder ähnliche Vorgänge im System zu suchen. Ein Trouble Ticket dokumentiert den gesamten Lebenszyklus eines Incidents, Problems oder Fehlers.

Ein (minimales) Trouble Ticket System muss somit neben Ein- und Ausgabe-Möglichkeiten mindestens aus einer Datenbank zur Speicherung der Tickets sowie zur Recherche im Datenbestand bestehen. Neben diesen grundsätzlichen Bestandteilen verfügen moderne Systeme über eine Reihe

---

[19] vgl. http://de.wikipedia.org/wiki/Trouble-Ticket-System (Stand 22.07.2007)

weiterer Funktionalitäten, auf die im nächsten Unterabschnitt eingegangen wird.

4.2 Anforderungen an Trouble Ticket Systeme

Neben der zuvor bereits beschriebenen minimalen Funktionalität muss ein Ticket System weitere Funktionen bieten, die sich zu den in Abbildung 1 dargestellten Funktionsblöcken zusammenfassen lassen [Kruse 2001, Seite 5]:

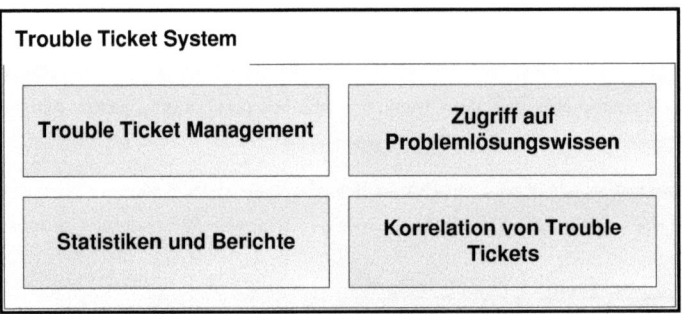

Abbildung 1: Erweiterung durch Funktionsblöcke [Kruse 2001, Seite 5]

Trouble Ticket Management

Wie schon zuvor im Rahmen der ersten Definition dargelegt dient das Trouble Ticket System in erster Linie dazu, die Mitarbeiter in allen Phasen der Bearbeitung eines Vorfalls zu unterstützen, indem es Informationen sammelt, strukturiert und so speichert, dass die Daten für alle am Prozess Beteiligten verfügbar sind. Diese Funktionalität fällt in den Block Trouble Ticket Management, der somit die minimalen Anforderungen an die unterstützende Software abbildet. Nach [Kruse 2001, Seite 6] gibt es hier grundsätzlich zwei Aspekte im Zusammenhang mit der Erstellung eines Trouble Tickets (TT) zu beachten. TTs müssen über verschiedene Zugangskanäle in das System gelangen können und es muss ein definiertes Minimum an Daten erfasst werden. Folgende Möglichkeiten zur Eingabe von Tickets sind dabei vorgesehen:

- Anruf eines Anwenders beim Service Desk, der Mitarbeiter trägt die Daten ein
- Der Anwender trägt die Daten selbst ein über ein entsprechendes im Internet bereit gestelltes Formular
- Der Anwender schickt ein (strukturiertes) Mail an das TTS
- Ein System-Management-Werkzeug generiert eine Meldung an das TTS

Unabhängig von der Art und Weise, wie die Daten ins System gelangen, muss jedenfalls gewährleistet werden, dass die erforderlichen Informationen (siehe Tabelle 1) geliefert und hinterlegt werden, denn die Effizienz eines Trouble Ticket Systems hängt primär von der Exaktheit und Vollständigkeit der Daten ab.

22

Tabelle 1: Grunddaten eines Trouble Tickets nach [Kruse 2001, Seite 6]

Datum	Inhalt
Ticket-ID	Attribut zur Sicherstellung einer eindeutigen Identifikation, z. B. Schlüssel aus Kundenkürzel und fortlaufender Nummer
Ticket-Zustand	Attribut zur Beschreibung der Phase, in der sich das Ticket befindet z. B.: neu, angenommen, eingeplant, weitergeleitet, in Bearbeitung, etc.
Benutzerdaten	Persönliche Daten des Melders, u. a. Name des Melders, Name des Kunden, Erreichbarkeit (Telefon, Mail etc.), Standort
Komponenten-/Dienstdaten	Die betroffenen Komponenten (ITIL: Configuration Items)
Zeitstempel	Zu jeder Aktion, jedem Eintrag von Ticketzusätzen, wird der Zeitpunkt gespeichert, um Auswertungen und Rekonstruktionen vornehmen und Eskalationen automatisiert ablaufen lassen zu können
Fehlerdaten	Beschreibung der Störung
Organisationsdaten	Angaben zur organisatorischen Abwicklung der Bearbeitung, u. a. Angaben zu Erfasser und Bearbeiter des Tickets sowie zur Priorität

Anschließend muss auf Basis der beschriebenen Störungssymptome die Klassifizierung des TT anhand einer vom TTS vorgeschlagenen Menge von Begriffen, die häufige Situationen wieder spiegeln, erfolgen. Optional muss jedoch auch eine Freitext-Eingabe erfolgen können [Kruse 2001, Seite 7].

Zur gegebenenfalls erforderlichen Weiterleitung (Eskalation) muss das System über entsprechende Mail-Anbindung oder andere Notifizierungswerkzeuge verfügen [Kruse 2001, S. 8].

Statistik und Reports

Der zweite Funktionsblock erweitert das minimale TTS um Möglichkeiten zur Auswertung von Informationen aus der Trouble Ticket Datenbank, die sich auf aktuelle Zustandsabfragen beziehen können, aber auch langfristige Trendanalysen im Blickpunkt haben. Nach [Kruse 2001, Seite 8] werden diese Abfragen aus folgenden Gründen benötigt:

- Zur Unterstützung des Betriebs des TTS
- Zur Verbesserung des Fehlermanagements
- Zur Versorgung des Managements im Unternehmen durch Daten

Zugriff auf Problemlösungswissen

Durch Bearbeitung und insbesondere Lösung einer Vielzahl von TTs baut sich im Laufe der Zeit ein enormes Fachwissen auf, auf das auch die weniger erfahrenen Mitarbeiter des Support-Teams zugreifen können sollten. Die Datenbasis des Trouble Ticket Systems führt somit zu einem äußerst wünschenswerten Austausch von Know-how und hilft bei der Diagnose und Beseitigung ähnlicher Störungen [Kruse 2001, Seite 10].

Korrelation von Trouble Tickets

Im vierten Funktionsblock geht es um das Erkennen korrelierender (zusammenhängender) Tickets, die etwa ins System gelangen, wenn Meldungen mehrerer Kunden oder Anwender zeitgleich eingehen.

23

Ein TTS soll mindestens die Möglichkeit bieten, Korrelationen zwischen den Tickets abbilden zu können, optimaler Weise Methoden vorhalten, diese Abhängigkeiten leicht aufspüren zu können. Darüber hinaus sollen Automatismen vorhanden sein die dazu führen, dass beim Schließen eines Tickets die eventuell korrelierenden Tickets sogleich berücksichtigt werden [Kruse 2001, Seite 10].

Am Markt findet sich eine unüberschaubare Vielzahl angebotener Trouble Ticket Systeme, sowohl kommerzieller als auch nicht kommerzieller Art. Um der Frage nachgehen zu können, ob für die Umsetzung des Incident Managements in klein und mittelständischen Software-Unternehmen grundsätzlich ein TTS aus dem Bereich nicht kommerzieller Software infrage kommt, wird im nächsten Abschnitt näher auf Open Source Software eingegangen.

5. Open Source Software

Im letzten Abschnitt dieser Arbeit wird zunächst das hinter dem Begriff Open Source Software (OSS) liegende Konzept erläutert Anschließend wird ein Werkzeug zur Entscheidungsunterstützung vorgestellt, welches im späteren Verlauf der Evaluierung verwendet werden soll.

Der Abschnitt zur Definition der Open Source Software basiert vollständig auf einer im Vorfeld dieser Arbeit durchgeführten Projektarbeit (siehe [Vilt 2007]).

5.1 Definition: Open Source Software

Die Bezeichnungen Open Source Software bzw. Free Software werden vielfach als Synonym für kostenlose Software gehalten [Wichmann 2005, Seite 3]. Die tatsächlich dahinter liegenden komplexen Konzepte zur Erweiterung der Rechte sowie auch einiger Pflichten der Softwarebenutzer müssen daher kurz angesprochen werden.

Der Begriff „Freie Software" bzw. dessen amerikanische Bezeichnung „Free Software" wurde Mitte der 1980er Jahre von Richard Stallman (Begründer der Free Software Foundation, FSF) geprägt. Nach dessen Definition (vgl. [Stallman-1]) lässt sich die Freiheit einer Software in verschiedene Stufen aufteilen, beginnend mit der Freiheit, eine Software unabhängig vom Verwendungszweck benutzen zu dürfen (Stufe 0), die Software untersuchen, verstehen und anpassen zu dürfen (Stufe 1) sowie Kopien verteilen zu dürfen (Stufe 2) bis hin zur Freiheit, die Software zu verändern, zu verbessern und diese zu veröffentlichen, damit dies der Gemeinschaft diene (Stufe 3). Hinter dieser Definition von „free" steckt eine gesellschaftliche, teils auch politische (vgl. [Grassmuck 2004, Seite 232]) Intention im Sinne von umfassenden Freiheiten, sie erstreckt sich keinesfalls nur auf den Preis der Software, wie auf den ersten Blick eventuell suggeriert wird.

Der Terminus Open Source entstand Anfang 1998 als Antwort der Open Source Initiative (OSI) auf verschiedene Probleme, die sich aufgrund der ideologisch geprägten Definition von Free Software bis dahin ergeben hatten (vgl. [Stallman 2007] zu dessen aktueller Sicht der Dinge). Open Source sollte nun als eine Art Symbol unter ganz pragmatischen Zielsetzungen einen gemeinsamen Nenner bilden für alles, was quelloffene freie Software charakterisiert und mit dem auch und gerade die kommerzielle Software-Industrie noch leben kann [Siekmann 2001, Seite 6].

Beide Initiativen (FSF und OSI) sind am Markt aktiv, und regeln im wesentlichen das gleiche. Der Unterschied zwischen beiden liegt darin, dass die FSF soziale Gründe berücksichtigt, während die Open Source Bewegung mehr Wert auf die praktischen Aspekte legt (vgl. [Gläßer 2004, Seite 22]). In beiden ist der freie Zugang zum Quellcode jedenfalls elementar.

Damit die Freiheit der Software in der beabsichtigten Form garantiert werden kann, stellt der ursprüngliche Entwickler seine Arbeit unter eine „freie Software-Lizenz". Hierzu wird überwiegend (vgl. [Heinze und Keller 2004, Seite 43]) die GNU General Public License (GPL) verwendet, deren hauptsächliches Anliegen im sog. Copyleft liegt. Demnach müssen Modifikationen einer Software, die unter der GPL-Lizenz stand, selbst wiederum dieser Lizenz unterliegen, wodurch freie Software vor Patentierungsbestrebungen und Besitzansprüchen geschützt wird (vgl. [Grassmuck 2004, 284 f]).

Eine allgemein anerkannte Definition von Open Source Software stammt von der Open Source Initiative (OSI). Die Open Source Definition (OSD) baut dabei auf der Definition der freien Software auf, verfolgt aber einen deutlich anderen, kommerzielleren Ansatz (vgl. [Karduck 2004, Seite 8]).

1) Freie - unentgeltliche - Weitergabe der Software
2) Offenlegung und Weitergabe des Ouellcodes
3) Zulassungen von Weiterentwicklungen
4) Garantie der Unversehrtheit des originären Ouellcodes
5) Keine Einschränkung bei der Weitergabe an Personen und Gruppen
6) Keine Einschränkung für den Einsatz der Anwendung
7) Keine Einschränkung für den Nutzerkreis der Anwendung
8) Keine Einschränkung der Lizenz bei der Art der Paketierung der Software
9) Keine Einschränkung bei der Weitergabe mit anderer Software
10) Neutralität gegenüber Technologien/Standards

Eine vollständige deutsche Übersetzung des englischsprachigen Originals (download über [OSD]) inklusive der Kommentare findet sich bei [Gläßer 2004, S. 22 ff].

5.2 SWOT-Analyse

Die SWOT-Analyse (engl. Akronym für Strengths, Weaknesses, Opportunities und Threats) ist ein Werkzeug des strategischen Managements, das in diversen abzuleitenden Varianten für die Untersuchung unterschiedlichster Entscheidungssituationen als Ausgangspunkt der Planung verwendet wird (vgl. [Kütz 2005, Seite 232]).

Eine besondere Spielart der SWOT-Analyse ist die 4-Felder-Entscheidungs-Matrix (vgl. [Blunder 2003, S. 490]), bei der für eine vorgelegte Entscheidungssituation alle Argumente für und gegen die zu beurteilende Alternative aufgelistet und bewertet werden. Ebenso werden die Chancen und Risiken dokumentiert und entsprechend ihrer geschätzten Eintrittswahrscheinlich und ihrer Bedeutung gewichtet. Anschließend werden die sich jeweils aus Pro- und Contra-Argumenten ergebenen Punktesummen mit den korrespondierenden Summen der Risiko- bzw. Chancen-Wahrscheinlichkeiten multipliziert. Die Entscheidung orientiert sich am höheren Wert der beiden Multiplikationen. Weitere Einzelheiten zur SWOT-Analyse und ein Beispiel zur Variante der 4-Felder-Entscheidungs-Matrix finden sich in der Projektarbeit [Vilt 2007].

Als Fazit der genannten Projektarbeit wurde festgehalten, dass der Einsatz von OSS grundsätzlich auf einer Abwägung von Vor- und Nachteilen beruht, wobei einzelne Aspekte im konkreten Einzelfall jeweils unterschiedlich zu bewerten sein können. Die Entscheidung gegen den Einsatz einer bestimmten Open Source Software muss demzufolge nicht ein grundsätzliches Votum ausschließlich für die Verwendung proprietärer Software darstellen. Jedenfalls muss das in OSS steckende Potential, will das Unternehmen mit seiner Strategie am Markt bestehen, auf fundierter Basis und jeweils individuell beurteilt werden.

6. Literaturverzeichnis (inklusive weiterführender Literatur)

[Aalen 2004]

FH Aalen: *Verbreitung und Nutzen des prozessorientierten IT-Managements – Wo steht ITIL?*

Ergebnisse der Umfrage an der FH Aalen 2004, download über

http://www.conect.at/files/papers/Ergebnisse_ITIL-Studie.pdf (22.07.2007)

[Balzert 1998]

Helmut Balzert: Lehrbuch der Software-Technik: Software-Management, Software-

Qualitätssicherung, Unternehmensmodellierung

Berlin, Heidelberg: Spektrum Akademischer Verlag 1998

[Blunder 2003]

Robert Blunder: *Die Vierfelder-Entscheidungsmatrix*

in: *Controller Magazin*, 5/2003, Seite 490

[BMC 2005]

bmcsoftware, o.V.: *ITIL für Kleine und Mittelständische Unternehmen*

http://www.bmc.com/de_DE/doc_depot/White_Paper_ITIL_Kleine_Mittelstaendische_Unternehmen.

pdf (13.07.2007)

[Brandstätter 2006]

Manfred Brandstätter und Thomas Peruzzi: *Open-ITIL – ein Ansatz zur Akzeptanz-Verstärkung für*

den Einsatz von IT-Service Management nach ITIL in Klein- und Mittelunternehmen

Linux Solutions Group e.V., download über

http://www.lisog.org/publikationen/thesenpapier_openitil.pdf/view (22.07.2007)

[Brenner 2002]

Michael Brenner: *Erstellung eines Kriterienkatalogs zur Beurteilung des Anwender Supports in der*

BMW Group

Diplomarbeit an der Ludwig-Maximilians-Universität München 2002

[Brockhaus 2003]

Der Brockhaus: *Computer und Informationstechnologie*

Leipzig, Mannheim: Verlag F. A. Brockhaus AG 2003

[Clauss 2006a]

Christian Clauss: *Beispielhafte Evaluierung der Anpassbarkeit von OTRS an die Prozesse im IT*

Service Management am LRZ

Fortgeschrittenenpraktikum an der Ludwig-Maximilians-Universität

München 2006

http://www.mnm-team.org/pub/Fopras/clau06/PDF-Version/clau06.pdf (13.07.2007)

[Clauss 2006b]

Christian Clauss: *Entwicklung und Anwendung einer Methodik zur Verfeinerung von ITIL Prozessbeschreibungen am Beispiel des ITIL Change Managements*

Diplomarbeit an der Ludwig-Maximilians-Universität München 2006

http://www.mnm-team.org/pub/Diplomarbeiten/clau06a/PDF-Version/clau06a.pdf (13.07.2007)

[Ebel 2006]

Nadin Ebel: *ITIL-Basis-Zertifizierung*

München: Addison-Wesley Verlag 2006

[Eidner 2004]

Kay Eidner: *Entwicklung eines Bewertungsmodells zur Erstellung von Support Services für neue Produkte am Beispiel der SAP Learning Solution*

Diplomarbeit an der Otto-von-Guericke-Universität Magdeburg 2004; Download über

http://ivs.cs.uni-magdeburg.de/sw-eng/agruppe/forschung/diplomarbeiten/eidner.pdf (13.07.2007)

[Gläßer 2004]

Lothar Gläßer: *Open Source Software*;

Erlangen: Publicis Corporate Publishing 2004

[Grassmuck 2004]

Volker Grassmuck: *Freie Software – Zwischen Privat- und Gemeineigentum*; 2. korrigierte Auflage

Bonn: Bundeszentrale für politische Bildung (bpb) 2004

http://freie-software.bpb.de/Grassmuck.pdf (09.04.2007)

[Heinze und Keller 2004]

Daniel Heinze und Alexander Keller: *Der Preis der Freiheit – Was Softwareentwickler über Open-Source-Lizenzen wissen sollten*

in: Heinz Sauerburger (Hrsg.): *Praxis der Wirtschaftsinformatik*

Band HMD 238: *Open-Source-Software*, Seiten 41 - 48

Heidelberg: dpunkt.verlag August 2004

[Karduck 2004]

Achim P. Karduck: *Free and Open Source Software: Einfluss auf ICT-Entwicklungsstrategien*

in: Heinz Sauerburger (Hrsg.): *Praxis der Wirtschaftsinformatik*

Band HMD 238: *Open-Source-Software*, Seiten 5 - 18

Heidelberg: dpunkt.verlag August 2004

28

[Koll 2004]

S. Koll: *Rahmenwerk setzt sich auch aus Kostengründen immer stärker durch*
in: *Computer Zeitung* 4/2004, Seite 9

[Kütz 2005]

Martin Kütz: *IT-Controlling für die Praxis*;
Heidelberg: dpunkt.verlag 2005

[Kruse 2001]

Rainer Kruse: *Entwicklung eines Werkzeuges für die Administration eines Trouble Ticket Systems*,
Fernuniversität Hagen 2001
http://www.fernuni-hagen.de/etit/forschung/Forschungsbericht2_2001.pdf (24.6.2007)

[Mohr 2007]

James Mohr: *Passgenau zugeteilt – Fünf freie Trouble-Ticket-Systeme im Test*
in: Linux-Magazin 01/2007, Seiten 66 - 69

[Nienstermann 2007]

Mark Nienstermann: *Service Management-Lösungen für KMU*
Saarbrücken: VDM Verlag Dr. Müller 2007

[OGC 2001]

Office of Government Commerce (Hrsg.): *Best Practice For Service Delivery*
London: The Stationary Office 2001

[OGC 2002a]

Office of Government Commerce (Hrsg.):
Best Practice For ICT Infrastructure Management
London: The Stationary Office 2002

[OGC 2002b]

Office of Government Commerce (Hrsg.):
Best Practice For Applications Management
London: The Stationary Office 2002

[OGC 2003]

Office of Government Commerce (Hrsg.):
ITIL – The Key to Managing IT services: Service Support
[elektronische Ressource auf CD-ROM]
London: The Stationery Office 2003

[OGC 2004]

Office of Government Commerce (Hrsg.): *Best Practice For Business Perspective: The IS View on Delivering Servicesto the Business*
London: The Stationary Office 2004

[Olbrich 2006]
Alfred Olbrich: *ITIL kompakt und verständlich*; 3. verbesserte und erw. Auflage
Wiesbaden: Vieweg & Sohn Verlag Juli 2006

[OSD]
Open Source Initiative: *Open Source Definition (Annotated)*
http://www.opensource.org/docs/definition.php (07.04.2007)

[Pfleger 2005]
Bernhard Pfleger: *Evaluation von Werkzeugen zur Unterstützung der ITIL Service Management Prozesse*
Diplomarbeit an der Ludwig-Maximilians-Universität München 2005
http://www.mnm-team.org/pub/Diplomarbeiten/pfle05/PDF-Version/pfle05.pdf
(13.07.2007)

[Reiner 2005]
Maximilian Reiner: *Web Customer Contact Centre in virtuellen Organisationen*
Diplomarbeit an der Fachhochschule Furtwangen 2005; Download über
http://www.hyperkenntnis.com/reiners/thesis_and_diploma/2005_Diplomarbeit_Maximilan_Reiner_
Web_Customer_Contact_Center_virtuelle_Organisationen.pdf
(13.07.2007)

[Rothmann 2004]
Phillip Rothmann: *Implementierung des ITIL Service Desk mit Open Source Software*; Diplomarbeit an der FH Köln 2004

[Schmidt 2004]
Rainer Schmidt: *IT-Service-Management – Aktueller Stand und Perspektiven für die Zukunft;* Vortrag gehalten auf dem 4. itSMF Kongress in Hamburg 2004
http://www.itsmf.de/upload/events/Auswertung_ITIL-Studie.pdf (14.07.2007)

[Siekmann 2001]
Jens Siekmann: *Bravehack –Technische, wirtschaftliche und gesellschaftliche Aspekte von freier Software und Open Source; ihr Wesen, ihre Geschichte, ihre Organisationen und Projekte*
Version 1.0, Bonn März 2001
http://www.bravehack.de/bravehack.pdf (09.04.2007)

[Sommer 2004]

Jochen Sommer: *IT-Servicemanagement mit ITIL und MOF*

Bonn: mitp-Verlag 2004

[Stallman-1]

Richard M. Stallman: *What is Free Software?*

http://www.gnu.org/philosophy/free-sw.html (07.04.2007)

[Stallman 2007]

Richard M. Stallman: *Warum „Open Source" das wesentliche von „Freier Software" verdeckt*

aus dem Englischen übersetzt von Robert A. Gehring

in: Bernd Lutterbeck u.a. (Hrsg.): *Open Source Jahrbuch 2007*

Seiten 1 – 7; Berlin: Lehmanns Media – LOB.de 2007

http://www.opensourcejahrbuch.de/download (04.04.2007)

[Victor 2005]

Frank Victor und Holger Günther: *Optimiertes IT-Managementmit ITIL*

2. durchgesehene Auflage

Wiesbaden: Vieweg & Sohn Verlag Januar 2005

[Vilt 2007]

Lajos Vilt: *SWOT-Analyse für den Einsatz von Open Source Software in kleinen und mittelständischen Software-Unternehmen*

Projektarbeit an der Fachhochschule Dortmund 2007

http://www.hausarbeiten.de/faecher/vorschau/74869.html

[Wichmann 2005]

Thorsten Wichmann: *Linux- und Open-Source-Strategien*

Berlin, Heidelberg: Springer Verlag 2005

[Zarnekow u. a. 2005]

Rüdiger Zarnekow, Axel Hochstein und Walter Brenner: *Serviceorientiertes IT-Management*

Berlin, Heidelberg: Springer Verlag 2005

7. Abbildungsverzeichnis

8. Tabellenverzeichnis

Mehr zu diesem Thema finden Sie in „Incident Management mit Open Source Software" von Lajos Vilt, ISBN: 978-3-638-85956-1
http://www.grin.com/de/e-book/82893/